für

Ihnen ganz persönlich: herzliche Teilnahme!

Heute sollen Sie wissen: Sie sind mit Ihrer Trauer nicht allein. Es gibt Menschen, die in diesen schweren Tagen ganz besonders an Sie denken. Die Ihnen sagen und zeigen wollen, daß Sie nicht von Gott und den Menschen verlassen sind. Gott ist gerade dann bei uns, wenn unsere Not am größten ist. Und wo uns die Worte fehlen, da tröstet Gott durch seine feste Zusage: Ich bin und bleibe bei Dir. Ich halte bei Dir aus. Auch wenn es nicht mehr zum Aushalten ist.

Mit allen guten Segenswünschen in dieser schweren Zeit

Ihr Pl Mune

Ich brauche Trost, keine Vertröstung. Ermutigung, keine leeren Worte. Jetzt zählt nur noch das Echte, das ewig Gültige, der Trost des lebendigen Gottes mitten im Leid des Todes: »Ich will euch trösten, wie einen seine Mutter tröstet« (Jesaja 66, 13). Ich darf mich in die Liebe Gottes hineinfallen lassen wie in die Arme eines lieben Menschen. Gott ist größer als mein größtes Problem.

Keine Trauer drückt endlos nieder.
Keine Tränen müssen ewig geweint werden. Nach jeder Nacht kommt ein neuer Morgen. Ich glaube fest daran, daß meine dunkle Welt wieder hell werden kann. Gott läßt uns an Grenzen kommen, aber niemals ans Ende. Getröstet sein heißt: Mit Gott rechnen und die Hoffnung nicht verlieren. »Die Last der irdischen Leiden wird nur leicht, wenn wir unsere Gedanken auf die Ewigkeit richten«
(Johannes Calvin).

»Wir wollen nicht trauern, daß wir sie verloren haben, sondern dankbar dafür sein, daß wir sie gehabt haben, ja auch jetzt noch besitzen. Denn wer heimkehrt zu Gott, der ist uns nur vorausgegangen« (Hieronymus).

Folgende Titel sind in dieser Reihe lieferbar:

Geburtstag. Ein Brief zum Fest. Bestell-Nr. 551 602
Hochzeit. Ein Brief für zwei Glückliche. Bestell-Nr. 551 603
Ein neuer kleiner Erdenbürger. Ein Brief für Eltern und Kind. Bestell-Nr. 551 604
Dankeschön. Ein Brief als kleiner Dankesgruß. Bestell-Nr. 551 605
Freude, Freude. Ein Brief zum Weihnachtsfest. Bestell-Nr. 551 606

Bildnachweis:
Umschlag: Dr. H. Jaschhof; S. 3: Cseny-Simonis; S. 5: P. Santor; S. 7: G. Weissing

apropos: Der kleine Gruß 551607

Gesamtherstellung: St.-Johannis-Druckerei, 77922 Lahr
Printed in Germany 12777/1996